삶이 어땠냐고
물어온다면

삶이 어땠냐고 물어온다면

신문호 시집

해암

| 시인의 말 |

숲에 들어 온 지도 열다섯 해

대숲을 스치는 바람의 고함과
잎사귀에서 떨어지는 빗방울의 진동
끊일 듯 이어지는
풀벌레들의 숨죽인 웅알거림에서
모두는
행복을 갈망하고 있었습니다.

아픔도
오래되면 무뎌지는지
탈색 되 흐려진 삶의 의미에서

잠시 머문다는 것

이 풀지 못한 상념에 아파
잠 못 이루던 긴 밤

숲 속
그네들의 삶 얘기를 모아봤습니다.

2018. 11.
신 문 호

| 차례 |

02 바람 불어 좋은 날

| 차례 |

03 희미한 날의 들풀처럼

04 이름 없는 풀로 살아가기

05 시간을 거슬러

제 1부

기다림도 때론 아팠습니다

고 백

어둠이 병실 창밖을
저만치서 까맣게 덮어옵니다

조금만 더 머물게 해 달라는
간곡한 눈빛 감춰진 속마음
어쩌면 영원히 내뱉지 못 할 겁니다

육신을 쥐어짜는 인내 넘는 고통과
조금씩 좁혀오는 동행의 종착점

하고픈 말도
이제는 마주하는 서로의 눈빛이 걸려
공허한 미소에 헛기침만 해 댑니다

짧게만 느껴지는
먼 시간 속 잊지 못 할 표정들
되 보는 시간은 왜 이렇게 자꾸 늘어만 가는지
언제부턴가
혼자라는 것이 두려워 집니다.

다시 돌아 봐도
내 머문 이 별

한번쯤은 멋지게 살아 볼만했습니다
그리고
아쉽도록 모두를 사랑할 만한 가치도 있었습니다

후회 스민 삶의 되새김질이
아름답도록 서글펴 보인 곳은

어느 말기 암 환자의
횡 한 눈
그 속이였습니다

남음이 떠남보다 더 아픈 사연

아카시아 빈 가지의
까마득 높은 꼭지
거센 바람에 웅크리고 있는
버려진 까치둥지

시간의 세정작용에
생의 흔적은 지워 졌고

허술한 뼈대만이
기다림이란 단어 새기며
지금의 현실을 붙잡고 앉았습니다

그래도 한때는
기다릴 수 있는 행복이 있어
밤새워 빈 몸
울며 떨었건만

이제는
남음이 떠남보다
더 아픈 사연이 되어

찬 달빛에 담겨진 별무리 짊어진 채

뾰족 가지에 걸터앉은
동화 속
삶 잔재가

떠난 이의 뒷모습 되
높은 바람에 흔들리며 웅크려 있었습니다

삶은 고마움 이었습니다

찬바람만 휘도는 새벽
신문배달 아이의 거친 뜀박질 소리가
성에 낀 들창 너머를 스쳐 지날 때
삶의 시린 무게는
어둠 속
텅 빈 골목을 홀로 배회하였고

헛나이에 시간만 낭비하다
찬바람의 아픈 숨소리가
고막을 찌를 때
지금껏 소유하고 있던
작고 초라한 것에서도
세상을 향한
고마움에 숨차 올랐습니다

더 주지 못하는 아픔으로
잠 못 이루고
되갚지 못한 설움으로
속눈물 삼킬 때

받음과 베풂
그 사이를 오가며
고마움에 떨던 몇 안 되는 마른 잎은
고개 숙인 채
바람에 날려 멀리 흩어졌고

먼 길을 돌아왔던
나그네의 토막 난 기억 속

나누지 못한
따스함이
미련 되어 손끝 저려 오는 날

삶은 고마움이었습니다

별거 아닙디다

산다는 거
사실 별거 아닙디다

마음먹은 대로 된 것도 별로 없지만
막상 움켜잡아도
생각만큼 좋은 게
그리 오래 가지 않습디다

한 번씩 찾아오는 마음의 통증도
물 흐르듯 지나가는
운명으로 맡기니 잠깐 스치는 몸살처럼
털고 일어나집디다

집착도 오래가면 털기 힘들다지요.
앉았다 일어설 때
털었다 믿었는데

마음에 묻혀온 실물 없는 그림자로
어둔 밤
잠깬 쓰린
냉수로 다스릴 때

밤바람에 굴러가는 마른 나뭇잎 소리

산다는 거
사실
별거 아닙디다

기다림도 때론 아팠습니다

저녁 비 흩날리는 산복도로 작은 공터
갈증을 달래주는
소망 같은 촉촉함과
빗방울에 떠는 미세한 풀잎 흔들림이

갑작스레 찾아 온 행복
그 고마움에 고개 숙인
잎사귀들의 간절한 감사 기도로 보일 때

숨 쉬는 모든 영혼들의
낮은 중얼거림과
고마워 할 줄 아는 그들의 감성에
머리 숙여졌습니다.

생명으로 머문다는 것
그리고
외로움 속 긴 기다림에 아파했었다는 것

결국 모두는
행복을 기다리고 있었습니다

밤안개는
축축한 어둠을 끌고

아픔과 기다림에 지쳐
삶의 흔적만이 의지를 상실한 채 뒹구는
인적 끊인 산복도로
불 켜진 들창 밖을

어제처럼
오늘도 기웃거리고 있었습니다

기도는 긴 여운을 물고

어둠이 하얗게 생의 언저리를 맴돌 때

외로움은 언제나처럼
신음하는 영혼들의 아픔을 끌고
소리 없는 어둠 속으로 사라져 갔습니다

갓 난 걸음의 고라니 새끼

민가 도로 옆에서 홀로 풀내음 매만지다
낯선 눈길에 뒤뚱대며
놀라 떠난 텅 빈 길섶에는
배고픔과
외로운 사연이
소중한 생의 시작부터
아프도록 허우적대고 있었습니다

비록
잠시라는 의미의 가슴 시린 굴레겠지만
숨 쉬는 영혼들의 괴로워 뱉는 신음에서
모두에게는

피할 수 없는 삶의 아픔이 존재하고 있었습니다.
어렵게 태어난 소중한 생명이기에
언제나
행복해 하며
가슴시린 이별 없기를

기도는
소망만큼이나 긴 여운을 물고
상처 입은
어둠의 무게에 눌려
끝없이 가라앉고 있었습니다

갚지 못한 사랑

또 하나의 잎사귀가 바람에 구르다
응달진 담 밑으로
운명에 끌리 듯 힘없이 쌓여갔고

황혼 빛 어둔 여울이
산복도로 좁은 입구를
순리처럼 내려 설 때

병마로 말을 잃은
아내의
늙은 휠체어를 힘들여 미는
등 굽은 노인의 마른 어깨 위에도
냉습한 바람 속
간절한 소원 하나가
얼마 남지 않은 시간에 쫓겨
애처롭게 흔들리고 있었습니다

눈으로 밖에 전할 수 없는
안타까운
삶의 기억은
서로를 위해 간직한 마지막 추억

긴 시간
앙금 되 머물던
갚지 못한 사랑이

말라버린 입술 주위를
힘없이 맴돌다

눈물 속
늦은 자책이 되 흘러내리고 있었습니다

밤안개는 독백이 되어

소중한 또 하루의 일상이
밀물 되 다가서는
땅거미에 잠겨 사라져 갔고

어둔 골목
담 벽에 기댄
찬 가로등 긴 그림자가

일그러진 세상의 무관심 앞에
긴 소망
가늘게 비는
늙은 어느 영혼의
몸부림치며 흐느끼는 기도로 보일 때

세상의 곳곳에는
생명들의
행복을 비는
언제나의 사랑이 머물고 있었습니다

어둠을 비켜 선
회색 빛 밤안개는

지쳐 허덕이는 생명을 위한
끝없는 독백이 되어

허연 아픔 입에 문채
옛날처럼
또 그렇게
빈 허공을 흔들며 맴돌고 있었습니다

남겨진 외로움이 떠나는 아픔보다 힘든 이유

찬바람 빈 가지 위에
잠깐 졸던 참새는
날려가는 나뭇잎에 놀라 황급히 떠나갔고

흔들렸던 잔가지는
이제
바람만이 스쳐 지나는 고요로 되돌아가
짧은 순간
작은 무게가 만들었던
인연의 연결고리는 그렇게 막을 내렸습니다

때론 아픔도
망각에 묻혀 사라진다 해도

흐르는 삶의 그림자 속
기억 저편을 더듬다
미련 되 남아있는 숨 막혔던 그 흔적
아픈 자리에 머물면

그리움은
마음 깊은 그 곳에
아픔 되어 고스란히 앉아 있었습니다

삶에 마모됨을
기억들의 운명으로 여긴다 해도

가끔은
남겨진 외로움이
떠나는 이의 아픔보다
더 힘든 이유가 있었습니다

기도

검푸른 어둠의 심연에 흩뿌려진 별들

시간의 간격
그 먼 눈빛으로
알리지 못한 사연들을 전하고 있었고

어떨 땐
할퀴고 남은 상흔도 고마워
회상으로
잊지 않게 갈무리 해가며

옅어가는 망각의 언저리를 밤새워 붙들고
재회의 소망을
끝없는 기도로 보내고 있었습니다

외로웠던 세월만큼
깊고 아팠던 사랑이기에

이제는 얼마 남지 않은
시간의 강 앞에서

되돌아
후회하지 않으려
아쉬웠던 미련
못 다한 사랑들을

변치 않는
불빛으로 남겨
영원히 간직할 수 있길 빌고 있었습니다

변명

서늘한 바람이
속사연 흔들어 깨워
깊은 밤
때늦은 아픔으로 서성이게 했습니다

지나고 돌아보면
아무것도 아닌 것을
그때는 왜 그리 집착 했었는지

대상이 떠난
빈자리는

그 의미를 상실했고
마음을 괴롭히던 무수한 생각들도
미련한 후회로 만
스쳐 지난 뒤안길에 남아 뒹굴 뿐

변명하자면
모든 게 집착과 우둔한 믿음 때문 이였고
그래서 외로움이 더욱 깊었었다고

어둠 속 바람에 밀려 걷는
술 취한 넋두리는
텅 빈
변명만을 되새김질 하며
어지럽게 비틀거리고 있었습니다

시간이 멈춰 선 곳

산복도로 긴 미로 위에
인적 끊인 어둠이 실비처럼 내리면

습관처럼 이어 져 온 냉습한 외로움과
버려져 뒹구는 철 지난 소망들이
몇 안 되는
불 켠 들창을 하릴없이 기웃거렸고

자신의 발등만을 힘들게 밝히는
늙어버린 가로등은
흐린 안경 밖
술 취한 이들의 알 수 없는 넋두리와
파손된 자신의 다리를
걱정스레 내려 보고 있었습니다

시간이 멈춰 선 곳

응달진 아픔이 불빛에 꿈틀대는
좁고
깊다란 골목 어귀는

아이들의 버려진 장난감과
구겨진 폐지만이 바람에 뒹굴고

가끔씩
삶에 응어리 진 바람의 긴 울음만이

적막한 어둠 속
헤어날 수 없는 답답함을
거칠게 풀어 가고 있었습니다

어느 화가의 그림처럼

뒷모습이 아름다울 때

어둠이 창밖을 수북이 덮어오면
의미 없이 흘려보낸
그 뭔가에 눌려
불편한 초조감이 일었습니다

언제부턴가
창밖 은행나무 가지를
힘겹게 붙들고 선
까치집 하나

비바람에 삵고
기다림에 지친 생의 흔적에서
회상도
세월이 물들면 무뎌지는 줄 알았습니다

때론 인연의 연결고리
그 어느 중간쯤에서
휴식 중 비어진 옆자리의 공허함과
외롭게 걸어왔던
삶의 눈에

길 떠나는 나그네의 뒷모습이
서글프도록 아름다워 보임은
그리움에서 밀려오는 홀가분함은 아닐는지

세월의 아픔 뒤에 남은
당신의 뒷모습이 고와

아직도
텅 빈 그림자에 가슴 아파 합니다

멈춰선 빈자리가 아플 때

적막을 건너 온
먼 동내 개 짖는 소리가
멈춰 선 벽시계의 상념을 흔들더니

결국은
살아있다는 것
그 현실의 난제를 끌어다 놓았습니다

어둠을 가로막은 들창 속에는
시간에 떠밀려 다닌
미련의
되감지 못한 기억들만
연결마저 끊인 채 흐릿하게 남았고

낯선 골목을 헤집다 지친
이방인의 아쉬운 뒷모습만이
실물 없는 파도 되어
끝없이 일렁이고 있었습니다

아파서 털어내지 못한
못 박힌 기억도
되 보면 볼수록 가슴 저려 하다
절뚝거리며 골목을 빠져나가는
바람의 이야기

시간에 쫓겨 다니던
허상들의
온기 떠난 빈자리에는

잊혀 질
아픔들만이
밀려오는 바람에 맞서
힘들게 버티고 서 있었습니다

이별 앞에서

무료했던 일상의 하루가
급하게 다가선 이별에 눌려
초침의 그 움직임마저
붙잡고 싶은 아쉬움으로 허둥대던 날

실 낯 같은 인연의
마지막 끝 테두리에서
말 잃고 눈방울만 껌벅거렸습니다

만남도
헤어짐이 두려워
외면했던 인연에서

어느새 서로는
밤하늘의 별빛이 되었고
언어는
침묵으로 가라앉았습니다.

기억만을 부여잡고
스쳐 지날 터널 속

긴 외로움이 두려워
어찌 할 수 없는 다급함에
흐르는 시간만을 자폐적으로 원망하며

생각은
삶의 의미만을 곱씹고
형체 없는 유리에 갇혀 굳어가고 있었습니다

삶이 어땠냐고 물어온다면

신문호 제4시집

제 2부

바람 불어 좋은 날

머문다는 것

어둠이 길게 골목 안으로 들어서면
지친 사연들은 귀가를 서두르고
낮에 머물던 온기는
해거름의 서늘함에 휩쓸려 떠났습니다

하나 있던 아들을
병으로 잃은
노파의 굽은 등 위에는
울음도 말라버린 서글픔이 내려앉고

무엇을 추슬렀는지 모르는
자폐적 행동만 되풀이했던
하루의 삶

눈에 보이는 것과
기억으로만 남는다는 것의 차이에서
사물의 가치 판단이
어둠만큼이나 어려워졌습니다

흐릿해진 정신으로
혼자 남아 있는 이유도 모른 채
기다림마저 잃어버린
허망한 고통

머문다는 것

그 의미만 머릿속을 맴돌고
도무지 생각나지 않는
하루의 일들도
어둠에 조금씩 밀려나고 있었습니다

내려두고 가기

서쪽 강을 건너는 기러기 무리를 봤습니다

지난 삶을 남겨둔 채
빈 날개를 훌훌 털며
운명인양 끼륵 거리며 떠나고 있었습니다

지금의 자리에 올 때까지
얼마나 많은 삶의 기억을 아쉬워하며 버렸고
얼마나 많은 떠나기를 반복해 왔을까

이별도 오래되면 무뎌지는지
때론
야속한 망각이 고맙기도 했습니다

언젠가는 다가올
또 한 번의 남은 떠남

아파하지 아니하고
옷 말아 툴툴 털 듯 일어 설 수 있을까

걸음에 무거워
되 보지 않아야 할 텐데

다가선 한파 앞에

길 떠나는 기러기의
긴 아픔에서
내려두고 가기를 배워야 할까 봅니다

나무의 침묵

한파에 모두는 어딘가로 숨었고
나무의
길고 어둔 그림자만이
찬 아스팔트 위에서 떨고 섰는데

의식을 잃고 쓰러진
중환자실의 딸아이

받아들일 수 없는 절규와
영혼으로 비는 절박한 기도만이
살아가는 이유가 되었습니다

죽어가는 고목
말라가는 육신

어찌 할 수 없는 인간의 한계 앞에서
끝없는
기다림만이
답답한 현실이 되었습니다

아
어깨를 누르는
천형의 고통 앞에서

무거워진 나무의
고개 숙인 침묵은

운명을
거부하려는
힘겨운 몸부림처럼 보였습니다

마음 속 이야기

회색 하늘에 짖 눌린 채 태풍이 근접한 탓인지
나무들의 휘청거림도 빨라지고
불안한 바람의 흐름이
속 시린 하루를 예감이나 하 듯

느닷없는 먼 전갈이 마음을 뒤 흔듭니다

핏기 없고
힘든 몸을 삶 속에 감추고

고통 속에서도 가끔은 소리 내 웃으며
상처 받은
남의 얘기 속으로 흐느끼고

조용한 미소로 넋두리까지 해주던
벙어리 같은 한 친구의
갑작스런 죽음

속 모르고 함께한 무거운 기억과
소흘했던 마음이
일시에 무너져
일어설 엄두가 나지 않았습니다.

따분했을 삶의 얘기
사소했던 개인사
온화한 미소로 웃으며 들어줬던

쉼 없이 찔러오는 고통도 참아가며
혼자서 생각했을

그의
마음 속 이야기가 보고 싶어집니다

개 미

세상이 잠든 고요의 시간

어둠에 멈춰
귀 기울이면
숙면에 든 작은 생명들의
가냘픈 숨소리가 들려옵니다

해질녘 돌 틈에서 움직이는
수많은 개미들

거친 호흡 몰아쉬며
줄지어 늘어 서
생명 마친 벌레를 나르고 있었습니다

세상의 곳곳에서 자신의 껍질 둘러쓰고
같은 공기 들어 쉬며 살아가는 영혼들

짧은 시간의 울타리 안에서
자신의 존재에
굳이 이름 붙이려 하지 않는

깊은 속
묵언의 움직임

삶에 익고
생각이 깊으면
말이 필요 없나 봅니다

소박한 어둠 속
행복에 젖은
영혼들의
맑고 깊은 숨소리가 들려오고 있었습니다

겨울 산

덜컹이는 창틈의 오싹한 한기와
뒷 숲 까치들의 재잘거림에 잠깬 새벽

빈 가지들만 칼바람에 흔들리는
말라버린 겨울산은

아픔에 가위눌린
영혼들의 가는 숨소리를
찬 어둠 냉습함 속에서
몸 웅크려 듣고 있었고

빈 골목을 스치는 우유 배달 소녀의
숨 가쁜 발자국 소리가
가끔은
회상의 파도가 되어
작은 것에 숨어 있었던
떠나보낸 행복들을 되 보게 했습니다

생명으로 머무는
이 짧은 순간만이라도
마주치는
작은 것 하나에도
연민의 미소 띄워 보내고
괴로워 아파하며
잠 못 이루는 영혼 없기를

가슴에 묻어둔
이 눈먼 소망이
창밖 찬 어둠 속을 휘 젓고 다니는데

후이 후이
아픈 영혼들을 위한
겨울 산의 웅크린 기도는

추위에 얼어붙은
삶의 아픔만큼이나
길고 축축이 젖어 있었습니다

바람 불어 좋은 날

하늘 끝 창공을 떠다니는
작은 가오리연의
쉼 없는 흔들림에서
텅 빈 충만 과 자유로움
행복은 이미 우리 곁에 와 있었습니다

감나무 높은 꼭대기
초라하게 버려진 까치 집 하나

바람에 허물러진
끝없는 기다림이지만
달빛 어린 지난 날
가냘픈 영혼들과의 흐뭇했던 기억에서

비워둔 빈자리의
고개 숙인
기다림이
언제 봐도 아름다운 데는
이유가 있었습니다

훌훌 털어버린 바람 속 홀가분함과
내려두고 떠나는 나그네의 뒷모습에서
포근한 미소가 떠오르는 것은
무슨 연유입니까?

비워있어 더 충만한
바람 불어 좋은날

행복은 이미
우리 곁에 와 웃고 있었습니다

어둔 밤 강물이 크게 우는 이유

나무 꼭지에 자리 잡은
보름달의 움직임과
감잎을 흔드는 바람의 감촉에서

남겨두고 가기

그 허전함이 겹친
삶의 하루는 저물고 있었습니다

황토 빛 어둔 산 그림자가
동네 어귀 강물 위에 서늘히 내려서면

알 수 없는 서글픔이 발 뒷걸음으로 다가 와
한참 전에 떠나보냈을
잊힌 것들을 끌고
쓰린 마음 주위를 맴 돌고 있었습니다

찬 기운에 내몰린
갈길 먼 강물은
스스로의 기억에 남은 뱉기 힘들었던 핑계와

머뭇거리며 붙들고 있던 미련의 집착들을

차가운 침묵과 외로운 밤바람 속에
움켜잡은 손
모래 빠져 나가 듯
아파하며 버려야겠기에

어둔 밤 강물은

남겨 두고 가야 할
미련 밴
흔적들을
슬픈 고함으로 세어가며
밤 새워 그렇게 지우고 있었습니다

잠깐의 흔적

찬바람에 떠밀리 던 어둠 속 물안개는
속죄양의 빈 마음으로 들창 밖을 서성였고

창문을 흔드는 바람의 일렁거림은
삶이 내뱉는
세상에 대한 불편한 심기로 보였습니다

어둠을 휘 젓는
빗방울의 광기는
생을 포기한 듯 거칠어만 가는데

창에 비친 얼굴에 떨어져
잠깐의 흔적으로만 머무는
수많은 빗방울에서
운명 같은 슬픔이
존재의 이유를 아프도록 꼬집고 있었습니다

까닭 있어
되 온 자리가
왜 이리도 낯설기만 한지

층층이 쌓여가는
알 수 없는 허상들만
탐욕에 지쳐 거친 숨 토해 내는 밤

굴레에 갇힌 몸부림 인 양
빗줄기는
하염없이 유리창을 두드리고 있었습니다

그림자에도 행복은 있었습니다

시간이 머물다 간
삶의 퍼즐을 맞추어 가다
가끔은 아픔이 맴돌던
그때 그 자리에 이르면
아쉬움이 목젖을 깊이 눌러 왔습니다

전하지 못했던 언어들은
대상 잃고 떠도는
빛바랜 별이 되
실물 없는 그림자 위에 쌓여만 가는데

눈에 보이는 것과
그저
기억 속에만 남아있다는 것의 차이에서

존재란 결국
시간 속 공간에만 잠시 머무는
붙잡을 수 없는 허상

모두가 망각에 잊힌다 해도
철지남 미안함
애써 만든 변명으로

아픔이 머물렀던
그림자 속 그 자리에서
이루지 못한 행복을 매듭짓고 있었습니다

일몰 앞에서

무얼 하며 보냈는지
기억조차 흐린 노을이
서쪽 강이 내려뵈는 우유 빛 창을 두드리면

하루의 일상도
어제처럼
몸 웅크려 스쳐 지나는 저녁 바람에 쓸려
좁은 골목
깊은 모퉁이를 돌아
뒤뚱대며 힘없이 떠밀려 사라졌고

외롭게 남은
골목 어둠 속에는
먼 열차의 기적 같은
이방인의 서운함만이
창밖을 휘 젓는 바람의 뒤꿈치를
초점 흐린 눈빛으로 내려 보고 섰습니다

어찌 보면
우리가 잠시 함께한 삶의 흔적과

버리지 못한 속내의 아픈 표정들도

일몰 앞에서는 그저
소멸되고 흩어질
빛의 여운이 되어

깊은 골목
어둠 속으로
어제처럼 서둘러 떠나가고 있었습니다

시작과 끝 그리고 그 언저리

불안히 흔들리는 잔 나무 가지에
새끼 까치가 홀로 앉아
비 개인 세상살이 얘기를 내려봅니다.

긴 병마에 투병 중인
외로운 노파에게는

폐지 같이 구겨진 자신의 남은 시간과
웅덩이를 피해 걷는
굴곡 같은 삶의 자투리를
애써 살아가야 하는 이유를 되씹게 하는 날

늘 그래왔듯
시작과 끝 그 언저리에는
왠지 모를 서러움이 눈물 되 어른거렸고
결국은
혼자라는 사실 앞에
함께 했던 기억은
속 쓰린 미련이 되어 그리워졌습니다

한때는
잊으려 발버둥 쳤던 몇 안되는 아픔들과
아직도
소중히 간직한 몇 장의 흐린 기억은

삶의 가장자리를 걷는
홀씨의
주름진 얼굴 위를 스치는 바람이 되었고

이제는 자신만이 알고 있는
슬픔이 되어 남아있었습니다

솔개의 날개 짓이 아름답게 느껴질 때

영원한 존재로 태어나지 않았기에
죽음을 애써 잊어 보려는
매몰찬 바람 속 외로운 날개 짓도
벗어날 수 없는 울타리 속
속 시린 영혼의 고독한 몸부림처럼 보였습니다

가끔은 곁에 머무는 이들의
늙어버린 훗날의 쓸쓸한 노년 모습과

지금의 기억을 그리움으로 움켜 쥔 채
힘겨운 숨 몰아 쉴
그들의
외로운 임종을 떠올리다 보면

살아 움직이는 모든 영혼들의
평범한 지금의 얼굴들이
연민과 애틋함이 되 다가 왔습니다

종말을 예감한 고통스런 눈빛에서
기댈 대 없는 불안만이 애처롭게 내비칠 때

더 머물 수 없는
절망은
혼자만의 외로움에 묻히게 했습니다

언젠가는 모두에게
죽음이라는 굴레로 잊혀 진다 해도

오늘따라 고독을 품고
끝없는 창공의 기류 속을 멈춘 듯 떠다니는

솔개의 날개 짓이
아름답게 보이는 이유가 있었습니다

작지만 행복했던 것들

알에서 깬 후
첫 비행의 불안을 떨친
까치 새끼 하나

둥지 위 잔가지에
위태롭게 홀로 앉아

노을 빛 붉게 물드는
동네 밖 먼 가장자리를 넘어
숨 가빠 날아오는
엄마를 기다리는 것이
온종일 기다려 온 행복 이였습니다

흘려보낸 신작로 위
먼지 날리던 그 길에서
내게도 있었을
작았지만 행복했던 것들

시간에 떠밀려 간 검붉은 빛 여울은
비틀거리는 상념만 내려두고
바람에 밀려 떠나갔고

해거름 진
산길은
차가운 응달에 젖어 어둑해 지는데

새끼 까치는 아직도 홀로
나무 꼭지
불안한 잔가지에서
거친 바람에 웅크려 앉아 있었습니다

행복 쌓기

주름 깊은 노인의 닳아버린 눈빛과
서글픈 미소가
가파른 숨결로 말을 건네옵니다

시간에 삶아 버린
육신의 쇠약도
언제부턴가 스스로 인정한 순리의 자책

넋을 놓아버린 삶의 남은 시간을
위안 삼아 애써 길게 재 보았고

떠나보낸 기억 속
쓰린 후회들이
시간에 쫓기는
이방인의 마음을 핥고 있었습니다

소유가 곧 행복 일 거라고
그때는 왜 그렇게
집착하고 지냈을까

아 아
멈춰선 듯 보였던 것도
결국은
이렇게 되고 말 것을

조급해진 마음에 되새겨 봅니다

비워 가기
그리고 행복 쌓기를

삶이 어땠냐고
물어온다면

신문호 제4시집

제 3부

희미한 날의 들풀처럼

고개 숙여 지는 날

허물어진 까치둥지 불안한 울타리 위를
소리 없는 늦가을 비가
사선으로 스쳐 내리는 오후

말라 가던 잎들의 기분 좋은 흔들림과
나무껍질의 균열에 흐르는 촉촉한 빗물
물에 부푼 텃밭의 흑갈색 미소
그리고
땅강아지와 지렁이의 소망 같은 외출

불현듯 곁에 숨죽여 살아왔던
수많은 생명들의
작은 움직임과 중얼거림이
행복을 원하는 그들의
간절한 바램으로 보였습니다

흩날리는 오늘의 비는
사랑이 되었고
삶의 파편에 아파했을 영혼들의 표정과
힘들게 부여받은 생명

그 소중한 가치에
깊이 고개 숙여 지는 날

살아있는 모두는
이미
서로에게 축복이 되 있었습니다

창밖 외로운 비탈길
비 젖은 가지 끝
몇 남은 주홍빛 감 그 주위를 맴돌던
새들의 아쉬움이 떠난 자리에는

잎사귀 와 가지에 굴러 떨어지는
낮은 빗방울 소리가
숨죽인 생명들의 가느다란 속삭임 되어
아프도록 외롭게 남아 있었습니다

희미한 날의 들풀처럼

이슬비는 늦은 밤 소나기로 변했고
해풍에 밀려 온 운무가
산마을을 휘감아
창밖의
나무 가지와 잎들은
차가운 습기 앞에 고개 숙인 채
그저
긴 바람의 흐름만 지켜보고 있었습니다

끝없이 이어왔던
의미 없는 것들에의 애착과
회한의 이 늦은 순간까지
털지 못한 아픔들의 연결 고리는

어둠과 비에 씻겨
조금씩 느슨해져 갔고

우리가 잠시 기억했던
아름다운 사람들의 풋풋했던 미소도
희미한 날의 들풀처럼

힘없이 흩어지고 있었습니다

허공에 머물었던
따스한 온기

존재했음 과 하고 있음

모두는 그저
시간이 만든 잠깐의 허상

밤비는
조금 남은 기억마저 지울 듯
거칠어만 가는데

아쉬움은
남은 이의 몫이 되어
긴 어둠 속을 배회하고 있었습니다

껍질

음습한 뒷골목
낡고 기운 전봇대 밑
비에 젖어 모로 누운 고양이 사체

흩날리는
찬 비 속
세상은 모두 차갑게 느껴졌고

무감각해진 생의 흔적은
버려진 장난감
그 쓸모없는 쓰레기가 되
거추장스런 시선을 피해 팽개쳐져 있었습니다

언젠가는 버려질
지금의 온기 있는 살갗를
불현듯 꼬집어 가며 만져보았습니다

삶이 떠난 존재가
어쩌면 저리도 초라할 수 있을까

혼자만이 아파했을
마지막 미련과
생의 흔적으로 남은 초라한 껍질 위로

순환의 진리 같은
어둠 속
비 소리만이

세상에 남은
철없는 영혼들을 위해
뜻 모를 중얼거림으로
외로운 가로등 불빛을 적시고 있었습니다

버려진 소망

참새 가족의 조잘거림에 잠깬 새벽
잿빛 낮은 구름을 밟고
여울의 작은
파문 하나가
살포시 기대어 앉아 왔습니다

어린 손녀의 부축에 몸 기대
어둡고 긴 산복도로
터널 속으로 사라진
병든 어느 노파의 희미한 지팡이 소리에서

주눅 든 가난의 고뇌보다
슬픔의 긴 대물림에서 오는
지쳐 버린 아픔이
오늘따라
굳게 다문
노인의 아픈 무릎을
더욱 잔인하게 후벼 파고 있었습니다

인내도 오래되면 익숙해지는지
산복도로 새벽어둠은 깊기만 한데

밤 세워 힘겹게 버텨 온
불 켜진 들창 몇 개

습관에 잠식된 처절한 고독과
바람이 휘 젖는 삶의 몸부림에도
고개 숙인 영혼들의
버려진 소망은
안개 깊은 바닥에 어지럽게 뒹구는데

풀어헤칠 수 없는
안타까움
그 몹쓸 상념 조각이

그늘진 골목 어귀
습하고 적막한 공기를 헤집고 있었습니다

갈대

기다림도 길어지니 아팠습니다

바람만 휘도는 인적 끊인 외로움도
거센 비 맞아가며 버텨 온 기다림도
이렇게
길 줄 알았으면
시작 아니 하였을 걸

노을에 달궈진
해풍에 언 몸 녹이며
만날 순 없어도 잊혀 지지 않기를

어둔 밤 흩어진 불빛 따라
헤매며 찾던 꿈도

이제는 행여 하는 일상이 되었기에
시린 몸
긴 어둠 속을
그리움으로 지새 왔는데

이 밤
미련스런 소망 하나가
어제처럼
또 그렇게
매몰 찬 갯바람에 쓸려
가는 몸 심히 휘고 있었습니다

기다림도 길어지니 아팠습니다

비 오는 날의 소고

창유리를 쉼 없이 타고 흐르는
수많은 빗방울의 궤적을 보며
실제로 살아 움직이는
생의 순간이
참 짧다고 생각해 봤습니다

창에 비친 얼굴 위로
잠깐 머문 물방울의 흔적은
또 다른
빗방울의 궤적에 덮여 사라져 갔고

작게 시작한 생의 짧은 머묾에서
표현조차 하지 못한 아쉬운 회한만이
방향 잃은 물안개 속에서
세상을 휘 젓고 있었습니다

아직
머물고 있다는 것

찬 습기에서 밀려오는
뜻 모를 행복감에
가슴이 부풀도록 고마워지는 밤

밤비는
행복에 겨운 몸짓으로
세상의 모든 영혼을 위해
하얀 미소를 흩날리고 있었습니다

빗소리는 기다림 이였습니다

우산 속에서 홀로 듣는
잔잔한 빗소리는

눅눅한 외로움과
우연한 그리움과의 만남
그 알 수 없는 기대로
평온했던 심상을 뒤흔들곤 했습니다

대화 끊긴 이별의 긴 고뇌도
시간 속으로 휩쓸려 간 망각의 의미도
결국은
피할 수 없는
삶의 일부였기에
변함없는 지금의 빗소리가
어쩌면
더욱 절실한 기다림인지 모릅니다

먼 시간을 건넌 그때의 빗소리에서
잊고 있던 내음이
옅은 미소로 와 닿으면

때론
멈춰선 미안함에
애써 닦은 변명마저 속 시리게 아팠습니다

빗방울 따라 흐릿하게
보고픔이 묻어나는 밤

빗소리는 오늘도
가슴 살풋 설레는 기다림 이였습니다

전하지 못한 글

가끔은 전혀 생각지 못한 일들이
무덤덤한 감정에 회오리를 일으켜
삶을 일 순 얼어붙게 했습니다

하교 길 교통사고
그리고 어느 소녀의 죽음
책가방에서 흘러나온
꽃 한 송이와 서툰 글의 편지 한 장

엄마 생일 축하 해

피 묻은 얼굴로 찬 바닥에 드러누워
가물거리는 의식에 느린 숨은 거칠어 갔고

극심한 두려움에 아픔마저 잊은 채
초점 잃은 멍한 눈은
그 짧은 순간에도 전해 줄 대상을 찾아
애원하듯 주위를 두리번거렸습니다

구경꾼이 흩어진
온기 멈춘 빈자리는
아파했던 흔적만 어지럽게 뒹구는데
전하지 못한 안타까움에
속 태워 울던 바람도
여운만 남기고 떠나버렸습니다

깊은 밤
슬픈 꿈에 잠 깨
잠든 세상의 창가에 기대서면

아픔마저 잊은 채
누군가를 찾아 애처롭게 두리번거리던
그때의 멍한 얼굴 표정이
어둠속 찬 대지 위를 뒹굴고 있었습니다

임종

우린 헤어 진 후
언제쯤 다시 함께 있을 수 있을까

눈빛은
기약 없는 약속만을
소망처럼 읊조리게 했고

이별은
서로를 걱정하는
불안의 근원이 되
속 감춘 마음을 쓰리도록 휘 저었습니다

되 보면
참 좋았던 날들이 그토록 많았건만
이제는
각자의 멍어리 된 가슴에 묶여버린 얘기

재회를 위해 기다려야 할
외롭고 긴 인연의 여정
홀로 머무는 동안 힘들어 하지 않기를

남는 이를 위한
이 짧은 소망과
애써 짓는 허연 미소만이
어쩔 수 없는 위안이 되
마주한 침묵을 어색하게 메워 가는데

동공은 텅 비어 움직임은 멎었고
받은 데로
되갚으려 했다 해도
미련 되어 떠오르는 때늦은 미안함들

끝없이 이어져 왔던
또 한번의 슬픈 굴레에 묻혀

재회라는
소망 하나만을 움켜쥔 채
외롭게 떠날 채비를 하고 있었습니다

잠깐 이라도

떠난다는 건 알았지만
지금은 아닌 것 같아
여태껏
함께 왔던 인연들에의 고마움과
어쩌면
마지막 일 수도 있는
우리들의 지금 행복을 생각해 봤습니다

이별에 등 떠밀리고
속 때 묻은
아쉬움이 아파
맞잡은 손 놓으며 속앓이도 했었고

때론
갈림길에서

떠나 걷는 뒷모습이 싫어
고개 돌렸던
그 머뭇거림
이제는 안타까운 침묵이 되버렸습니다

함께 할 수 있어 평온 했고
변한 게 없어 더 좋은 날

삶의 가장자리에서 느끼는
이 느긋한 안도

잠깐이라도 머물며
함께 해준 모든 영혼들 게
속 깊은 고마움을 전하고 싶었습니다

비속에 서서

머리칼을 적셔오는
냉습한 빗방울이
잊고 있던 상념들을
거칠게 흔들어 깨웠습니다

짊어 졌던 상흔의 무게도
삶고
닳으면
언젠가는 엷어져서 사라진다 지요

거세지는 빗줄기는
되감지 못 할 인연의 끝을
저리 씻어 내리려
참회의 변명처럼 비틀거리며 흩날렸고

차갑게 젖은 육신의 고통도
어쩌면 감수해야 할
운명의 선택이였다고

애써 만든
위안
젖어버린 핑개 위로

용서 같은
염원의 비가
하염없이 쏟아 내리고 있었습니다

빗소리

톡 톡 톡
어둠 속
창 밖 습한 빗방울 소리가
홀로 남은
이방인의 빈 방을 메아리로 다가 와
시계 추 흔들림 되어
나직이 시간들을 떠나보내고 있었습니다

남은 이도
잠시 머물다 떠난 이도

되 보면
모두가 그저
흐릿 잊혀가는 의미 없는 흔적

유리창을 흩어 내리는
빗방울의 잠깐 있었던 궤적 같이

끝 모르는 어둠만이
삶의 경계를 잃은 채
먼 시간의 기억 속 아픔을 되뇌며
습기 찬 빈방을 허우적거리는데

머문다는 것

외로운 헤어짐을 뒤로 감춘
잠시 맡은 희극에서
자신만의 공간 속
흔적도 없는 시간 위를
독백으로 중얼거리며 서성이는 것이였습니다

톡 톡 톡
빗소리는 끊임없이 시간을 떠밀고 있는데

어느 골목

해거름의 좁고 긴 산복도로는
엄마 성화에 끌려간
애들의 장난감과 땅 위 낙서만이
어제처럼 써버린
또 하루의 흔적으로 남아 있었습니다

가난을 밀치고 떠났던
숫한 영혼의 아파했던 흔적은

외로움이 혼재 된 냉습한 길 위에
버려진 애들의 놀이처럼
적막한 어둠을 깔고 허옇게 누워 있었고

병약한 노파를 부축해 걷던
소년의
투정 섞인 울음과 가난에 지친 표정도
무거워진 밤바람에 밀려
어둠 속으로 녹아버렸습니다

주눅 든 쓰린 속
풀지 못하는 여운만이
오래된 흉터처럼 손끝을 핥고 떠도는데

깊은 밤
바람의 기침에 깨어 창가를 서성일 때

어딘가에 웅크리고 있을
그들의 비틀대던 이야기에
들창 밖
어둔 골목 안을 두리번거리곤 하였습니다

고립

젖은 아스팔트에 반사되는
네온들의 화려함 위로
무수한 자동차의 전조등은
생의 순간만큼이나 빠르게 스쳐 지났고

거리의 찬 어둠을 헤집고 다니는
흩어진 우산 몇 개가
동떨어진
작은 섬이 되
개미처럼 하릴없이 꼬물거렸습니다

추절거리는 빗 속
눅눅해진
어둠은

갈 곳을 정하지 못한
영혼들의
고립된 쉼터가 되

벌 받는 아이처럼
비를 맞고 우두커니 서있었습니다

밤비가 들려준 얘기

실비가 사르르 창밖 어둠을 타고 와

고마웠던 지난 삶과
행복이라는 단어를 들추며
밤새워
톡톡 거리고 있었습니다

창틈으로 스미는
습기 젖은 생의 포만감

스친 기억에 머무는 아련한 행운과
이 순간을 있게 한
귀한 영혼들과의 만남

함께 해
늘 즐거웠고
눈빛만 봐도 서로에게 힘이 되었던

세월의 긴 모퉁이를 돌아
지금도
아득한 추억이 미소 짓게 하는

밤비는
뭉글거리는 허연 목소리로

살아 있는
모두는
진정 감사였다고

찬 습기에 몸 싼 채 흥얼거리고 있었습니다.

삶이 어땠냐고 물어온다면

신문호 제4시집

제 4부

이름없는 풀로 살아가기

어떤 그리움

외로운 어둠 속 뼈아픈 설움에
속눈물 흘리며
몸 추려 떠는 촛불 앞에
아픔을 나누고자 앉았습니다

긴 시간 가슴에 남은
풀지 못한 언어는

멈춰버린 침묵
식지 않은 눈물이 되
저리로 떨어져 발 위에 쌓여 갔고

뒤늦은 기다림만이
얼마 남지 않은 시간들을
아파하며 조바심 나게 메워 가는데

끊일 줄 모르게 들끓었던
인연에 얽힌 욕망도
긴 시간 곧 세운 불꽃에 녹아
망각 속으로 지워 졌고

되돌아 곱씹으면
휑한 흔적만 뒹구는 그으름 낀 자국

이제는 용서가 됐는지

먼 시간 감추어 왔던
속 시린 그리움이

일렁이는 아픔
잊고 지낸 기억 속에서
변치 않을 바위가 되
발아래 몸 기대 굳고 있었습니다

하루를 살며

어둠에 어깨 눌린
퇴근 길
텅 빈 골목

무거운 발자국 소리만
느리게 더듬거렸고
등 스치는 찬바람의 비명만이
외롭게 엉 엉 거리고 있었습니다

삶이 그렇듯
마음은 무거워도 그림자만큼은 가볍기를
고통도 때론
견딜 수 있을 만큼 온다지요

흔들리는 그림자도
오늘은 아픈지
담벼락을 붙들고 한참을 섰습니다

멀고 긴 어둠 밖
고개 숙인

위안은
육신만큼이나 무거워 보이는
불 켜진 들창의 몇 남은 흐린 불빛

거칠게 휘몰아치는
바람의 아픈 고함소리가
까마득 잊고 있었던
한줄기 감사 기도로 들려오는 밤

세상은 고맙고
아름다웠습니다

소실점

까치들이 지친 날개 짓이 머문
해질녘 대숲에는
바람에 서걱대는 대나무의 흔들림만이
외롭게 뒹굴고 있었습니다

홀로 남은 노파의 말라버린 기억에는
방금 하려 했던 것조차 가물거렸고
눈곱 껴 흐려진 눈을 쉼 없이 훔치며
찾아 올 이 없는
빈 골목 입구를
습관처럼 내다보고 있었습니다

존재의 이유가 됐던
사랑과 미움마저도
시간의 세정작용에
모래 빠진 빈손이 되 앙상하게 말라버렸고

이제는
퍼즐의 반복된 중얼거림만이
소실점을 향해 남은

자신의 아픈 변명인 양
끊임없이 스스로를 괴롭히고 있었습니다

어제처럼 몰려 온 골목의 어둠에서
가물거리는 기억 속
잊어버린 그 무엇에 자조하며

짧은 머묾
긴 미련들을
거친 숨 몰아쉬며 끌어 안아봅니다

소망

어스름한 창 밖
조금 남은 노을빛이
닳아버린 하루 흔적을 느릿 지워 갈 때

쪼그라진
삶의 무게는
알 수 없는 또 하나의 상실에 눌려
후회의 계곡을 떠돌고 있었습니다

몸 기대 머물 땐
솜털 같이 가볍고

떠난 후엔
허공처럼 머문 흔적 남지 않길

오늘도
소망 같은
삶의 기도는
밀려오는 어둠에 침몰 되
힘없이 비틀대는데

아… 이렇게
또 하나의 하루도
가슴 바닥 스치는 저녁바람에 쫓겨났고

반복된 뒷걸음에
가슴 멍 든
미련만이
어둠에 떠밀리며 눈물 훔치고 섰습니다

남겨두고 떠나기

창틈의 차가운 한기에서
겨울은 벌써
여기까지 왔는데

나무의 홀가분함에서
버려야 할 것들을 생각해 봤습니다

여태껏 끌고 왔던
삶에서의 집착도

무심한 시간의 세정작용에
결국 남아 맴도는 것은
털어 내지 못해 붙어 있는
철지난 미련 뿐 이였습니다

또 하나의
마른 잎이
세찬 바람에 실려 어딘가로 떠났고

텅 빈 나무만이
추위 속에 남아 홀로 떨고 섰는데

실물 없는 허상에 속아
예까지 끌고 왔던
응어리 진 삶의 말라버린 파편들을

이제는
길 떠난 나그네의
아름다운 뒷모습처럼

그렇게
남겨두고 떠나볼까 합니다

기다림

창가에 머무는
맑고 평온한 아침 빛 너울이
생의 고마움 되 가슴 벅차 오르던 날

불안히 흔들리는
아카시아 높은 꼭지의
흔적만 조금 남은 까치둥지 잔해는

멈춰 선지 오래 된
솜털 같은 생명들의 포근했던 자국에서
잊고 지낸 기억을 가늠하고 섰습니다

바람소리에 떨었던
그리움의 잔해는
자신 돌아봐도 초라하기만 한데

지난 날 무리 되 뒹굴던
기억 속 따슨 온기는

떠돌다
언젠가는 떠돌다 만날
운명처럼 남겨진
기다림의 약속이 되

잔가지
스치는 바람에
손짓으로 전하 듯
키 낮은 바람에도 흔들리고 있었습니다

기다려지는 것

창밖 참새들의 재잘거림에 잠깬 새벽
찬 골목을 가르는
어느 바람의 슬픈 비명 소리에서

들창 넘어 먼발치
아슴푸레 머물던 아픔이
그때처럼
온기를 밀고 불현듯 들어섰고

아카시아 나무 꼭지
텅 빈 까치 집 하나

이제는
세파를 건넌 뼈대만이 남아
누군가를 기다려 온
먼 흔적을 끌어안고
길 떠난 이의
뒷모습 되어
기억을 곱씹고 앉았습니다

때론
기다림의 시간이
긴 아픔으로 변해 쌓인다 해도

기다려지는 것

망각으로
몇 남은 기억이 허물어지는 그 순간까지
누군가에는
기약 없이 남겨진
간절한 소망 이였습니다

비 내리는 풍경

흩날리던 실비는
점차
빠른 템포로 바뀌어
유리창에 생의 궤적들을
무수히 만들며 흘러 내렸습니다

세상 흐린 은빛 시야는
빗방울의 세정작용에 씻겨
조금씩
털어내지 못했던
집착의 분진을 벗으며
기분 좋은 미소를 흘려보내고 있었고

물웅덩이와 질퍽거림을 피해 걷는
행인들의
절뚝이는 움직임조차
신기해 보이는 평온한 풍경

봄비에
삶은
조금씩 흥미롭고
신기한 표정으로 깨어나고 있었습니다

시야 넓은 창 밖
기분 좋아 흔드는 생명들의 몸짓과
오싹 스미는 창틈의 한기에서
소롯 피어오르는 살아있음에 대한 고마움

비는 오늘도
삶에 아름다운 풍경을 그려주고 있었습니다

밤비는 아프다

물안개에 잠긴 창밖 어둠 속은
툭 툭 떨어지는
빗방울 소리만이
외롭게 아파하며 울고 있었습니다

오싹한 한기
삐걱 거리는 창문 흔들림에서
아스라이 잊고 있었던
그 얼굴들이 밀려 올 때면
뒤늦은
연민의 실타래에 엉켜
뒤척이며 아파했습니다

고개 숙이지 못했던 그때의 어리석음과
한 꺼풀도 되지 못한 그때의 집착들은

시간의 먼 강을 건너
이제는
그리움 되 아프도록 삶아 있었고

툭 툭
울며 내리는
밤비의 아픈 신음 소리는

어둠 속
병든 영혼들의
토해내지 못한 후회를 씻어주고 있었습니다

이별 이전처럼

찬바람에 고개 숙인 나무의 침묵 과
앙금 되 남은 상념으로
속마음 저려 오던 날
그리움은
헤기 힘든 아픔 되 남아 있었습니다

어딘가에서 웃고 계실 익숙한 님 의 미소
먼 기억을 건너 온 따스한 님 의 향기

가슴을 긁고 할 킨
미련했던 흔적들은
어느새 죽음처럼 깊어져 있었습니다

이제는
외로운 변명의 테두리에 서서
어쩔 수 없었던 모든 것이
삶에 부여 된 운명이라 해도

철지난 미련
쓰린 아쉬움을 거머쥔 채
흐려가는 기억만을 끝없이 매만지며

이름 없는 세상
볕 쬐는 어느 양지에서

재회
그리고 외로워하지 않기를
긴 숨 몰아쉬며 빌고 있었습니다

겨울의 길목

감나무 꼭대기에 남은
까치밥 몇 개
새가 떠난 숲길은
적막한 겨울의 길목 이였습니다

헌 목도리를 둘러보고
도톰한 내의도 꺼내 만져 봤습니다

추울수록
사랑이 그리워지는 데는
이유가 있나 봅니다

문풍지 떠는 바람소리에서
어딘가 있을
그리움이 소롯 피어오르고

홀로 기댄 창틈 한기에서
시간을 거스른 솜털 같은 사랑이
보고픈 향내로 살포시 묻어나
한참을

시린 맨발로 서 있곤 했었습니다

언제나
겨울의 길목에는

알 수없는 사랑에 아파
작은 바람 소리에도 몸이 떨려 옵니다

이름 없는 풀로 살아가기

등산로 후미진 숲 속
감춰진 소로를 걷다 보면

작은 풀들이 길 가장자리에 모여
소꿉장난 놀이하듯
삶을 만들어 가는
그 소박함에 발길이 머뭅니다

어디서 홀로들 와
이름 없이
자신을 가꾸어 가다가
길손의 눈길에
쑥스런 미소 지으며
바깥세상 안부를 냄새 맡아 봅니다

생명으로
잠시 머무르며
외로움에 싸여 알아 줄 이 없어도
주어진 하루의
소박한 미소가 그리웠는지 모릅니다

낙엽의 아쉬운 한숨은
또 다른 이의 아름다운 밑거름이 되고

잠시의 허상에 떨던
안타까운
미련들도
조용한 진실 앞에 머리 숙여 집니다

생명

길거리
작은 시멘트 틈을 비집고 나온
가냘픈 어린 싹의 미세한 흔들림에서

생명
그리고
홀로 겪는 아픔의 인내마저
한없이 고귀하게 느꼈습니다

외로움도
결국엔 삶의 일부
때가 되면 무뎌져 덜 아플 때 온다지요

기다림도
그래서 덜 힘들었습니다

이름 없는 풀로도
지금 삶이 고마워
오늘도
눈부신 아침 햇살에 기대

작은 소망 빌어 봅니다

살아 있어서 행복했고
그래서
지금의 이 자리에
좀 더 머물게 해 달라고

이발

통증 없는 신체의 일부가 잠깐 새 잘려
구차한 이별의 말 한마디 나누지 못한 채
생을 등진 외로운 사체 되어
끊긴 인연 기다랗게 남기고 바닥에 뒹굴고
있었습니다
아직은 최대 주주가 아니기에
신경다발 조차 분포하지 않는
소액 주주의 이탈이나 대치되어 지는 것에
아무도 별반 관심을 갖지 않았고
잘려 나가는 그들의 운명에 대하여
무덤덤해 하며 그래도 아직 남아 버티고 있는
자신의 존재를 자랑스럽게 자위하는
또 다른 소액 주주들의 득의에 찬 미소만이
스쳐 지나는 바람 앞에서 위태롭게
흔들거리고 있었습니다

제 5부

시간을 거슬러

짧은 머뭄, 짧은 궤적

비는 바람과 안개를 떠밀고 와
창밖
가는 나무 가지들을
머리칼처럼 혼돈스레 흔들어 대더니

유리창 위
짧은 흐름을 남기고
기억에서 외롭게 지워지고 있었습니다

어찌 보면
함께했던 삶의 인연도
짧기만 했는데

되갚지 못한 아픔과
풀어 헤칠 수 없는 상념들만
습기 찬
빈 공간을 비틀거리며 뒤흔들고

바람에 섞인 빗줄기의 혼돈 속에
지금은 어느 곳에서
무얼 하고 있는지

빈자리 남은 외로움도
오래되면 아픈 걸까

빗방울의
짧은 궤적
흔적 없는 마침표에서

그리움은
왠지 모를 초조감이 되어

습기 찬 창가를
시린 발 뜬금없는 아픔으로
할 말을 잊은 채 서있었습니다

파도 속으로 사라지는 것

깊은 여름
먼 어둠 속
멈춰버린 세상의 소리

으깨진 흰 포말들이
숨 뱉듯 스물 대며
주름진 갯바위를 기어 다녔고

지표 잃고 헤매 온
남은 생의 조각들마저

바램과 멀어진
의미 없는 소망이 되어
밤하늘
그 먼 깜박임에 맞춰
파도 위를 일렁이며 빈 몸으로 떠도는데

기억해 줄 이 없는
지금까지의
이 못난 궤적도

그저 스쳐 지난 윤회의 덫

별빛에 감춰진 생의 아픔처럼

어금니 깨문
밤 파도의 긴 꼬리가

갯바위
긁힌 등 위를
하얗게 덮고 있었습니다

세상의 밖

어둠을 휘 젓던 거친 비바람과
비탈을 타고 온 회색빛 물안개로
작은 집들 속
미로 같은 산복도로는
산 뻐꾸기 울음만 떠다니는
적막한 세상의 밖 이였습니다

시간마저 멈춰선 냉습한 어둠
늙은 가로등 불빛만 살아 숨쉬는
좁은 골목
그 어디쯤에서
손녀의 부축에 기댄 노파의 아픈 무릎은
육신을 짓누르는 젖은 옷의 무게보다
가난의 대물림에서 오는
속 쓰린 아픔이
애써 감춘 속내를 후벼 파고 있었습니다

벗지 못한 굴레는 왜 이리도 질긴지
목숨보다 몇 갑절 긴
억장을 끌고 와

초라한 남은 생 앞에 순종만을 강요했고

여태껏 쫓겨 온 실물 없는 불안은
육신의 고통만큼 이나 힘든
삶의 남은 자투리를
아프게 비틀어 대고 있었습니다

시간에 떠밀려
좁은 골목을 뛰놀던
댕기머리 소녀의
긴 세월 간직해 온 손바닥 만한 소망은
아직도 끝 모를 기다림 속에서
깊이 잠들어 있었습니다

시간을 거슬러

오늘은
제가 아는 어느 분이
전생의 연을 끊고
낯선 생의 모습으로 바뀌어
지금의
우리 머묾 곁으로 건너온 첫날입니다

긴 여정을 헤쳐 만난 우리
함께하는 이번 길 만큼은
아픔도
미움도 없는
언제나 사랑 속에 머물기를 기원합니다

끝없이 이어 왔던
순환의 고리 어디쯤에서
아파하며
서로를 되돌아 봤던
지난날의 그 매듭이 생각나
지금의 매순간이
더욱 더 소중한지 모르겠습니다

아쉬움을 남기며 맞을
또 한 번의 남은 이별 앞에
덜 아파해야겠기에

행복해 하는
당신의 모습을
언제나 볼 수 있기를 빌어봅니다

그리움도 때론 아픔 되 머물 듯

늦가을 찬비 속
아카시아 나무 꼭지
흔적만 어설피 남은 외로운 까치집 하나

기억 속을 떠돌다 괜시리 찾아와선
무엇 찾아 서성이는지
잔가지 위를 오가는
비 젖은 까치 두 마리

눈 익은 자리만 덩그러니 남았고
기다림에 지쳐 떠난
텅 빈
산자락에는
적막을 휘감는 차가운 비바람만이
변치 않은 그때처럼
스쳐 지난 시간들을 흔들고 있었습니다

그리움도 때론 아픔 되 머물 듯
허물어진 흔적
따뜻했던 가족

인적 끊인 적막한 숲
나무들의 찬 침묵 속에서
비에 젖은 까치 두 마리가

기억 속 잔가지 위를
끊임없이 서성이며 서 있었습니다

춘자 비어에서

소음도 여기선 즐겁더군요

홀로 앉은 침묵과
방향을 알 수 없는 정신없는 소음 속에서
잠시 잃은 속마음에
귀대고 들어보려 노력했습니다

젊은것들
어찌 저리도 말들이 많을까
비틀린 표정도
악을 쓰는 몸짓까지도
그저 모두가 시끄럽고 귀찮기만 한데
산다는 거
이럴 땐
재밌다 고 해야 하나?

사랑도
미움도
부대끼며 산 내 하루 자존심도
홀로 깨물며 버티고 앉은

입구 옆
내 빈 옆자리

어둠은 사랑을 물고
술집 앞을 서성이는데
에이 씨발
굽은 등 곳 세우며
당췌 시끄러워서 집에나 가야지

김 영감 술 취해
가려운 등 벅벅 긁으며
춘자 비어 입구를 나서고 있었습니다

어둠 속에서

거친 바람
창문 떨림에 잠 깬 새벽
사방은 아무것도 보이지 않는
깊디깊은 어둠

깜깜함에 홀로 갇힌
내 누운 자리가
생의 마지막인 관 속 같다는 느낌에

두려웠던 건
다음 생에 대한 불안보다
홀로 누운
지금의 외로움이 더 무서웠습니다

덧칠 되 몸에 붙은 온
삶의 두꺼운 찌꺼기에도
영혼만은 더없이 가볍기만 했고

스쳐간 시간 속
속앓이 했던 미련들도

돌아보니 한낮 미련한 집착

불현듯
홀로 갇힌 육신의 불안 보다
차라리
영혼으로 벗어나고파 안달이 났습니다

가끔
삶에서의 긴 외로움보다
영혼의 자유로움을 택할 때도 있나 봅니다

보고파서

생각의 긴 꼬리 끝에
보고픔이 매달려와

잊은 듯 버려뒀던
때늦은 미안함에
시린 속 다듬으며 애써 찾은 변명들

그리움도 그럴 땐
스스로 만든 홧병이 되
늦은 밤
어둠 속을 뒤척이게 했습니다

상념의 타래는
끝없이 엉켜버렸고
시간 흐르는 소리는 크기만 한데

지금의 아픔은
어디서 달려 온 때늦은 후회입니까

가슴에 묻어 둔
지난날의 흔적 때문에

가끔은
환자처럼 횡 하니 드러누웠습니다

어느 사랑

어둠 속 홀로 몸 태워 우는
키 낮은 촛불 앞에
긴 시간 동행자가 돼 앉았습니다

복받치는 그 무엇이
저리도 아린 지
흔들리는 마음
다독이지 못한 채

억누른 슬픔도
깊다란 설움도

곰삭을 때가 되니
흘러 내려 쌓입니다

시간에
휘둘려 온
닳아버린 그 아픔이

힘들게 버텨 온
긴 시간을 거슬러

결국은
그 자리에 아직
머물고 있었습니다

흔적

아이들의 옹알거림이 떠난
어둔 산복도로
좁고 폐쇄된 터널에는

해거름을 밀고 온
적막한 밤바람만이
차갑게
웅웅거리며 떨고 있었고

흩어 뒹구는 장난감과
바닥에 그어진 흐린 낙서만이

잊혀 진 하루

그 잠깐의 스침에서 남은
공허한 흔적이 되

키 낮은 담장들 밑에서
초라하게 잠들어가고 있었습니다

우연의 만남

뒤뜰의 담 밑 그늘진 덤 풀 속에서
갓 나은 3 마리 새끼를 품고 누운
길고양이 어미와 마주쳤습니다

당황스런 놀람과
흔들리는 눈빛
서로는 일순 멈춰서고 말았습니다

어디서 온 영혼이기에
시작부터 이리 힘들까

행복하기 위해 태어난
고귀한 영혼들

못 본 척
뒷걸음쳐 걷는
숨죽인 내 걸음에
나마저 숨이 막혀 아파 옵니다

반달

기다림도 때론 조바심에 아팠고
걱정은 괜스레
먼 창밖을 머뭇거려 왔는데

시간 흐름에
가슴 못내 저려
반 조각
쓰린 마음만 남겨 두기로 했습니다

소원처럼 빌었던
고운님의 행복

들켜버린 속마음
쑥스럼에 붉힌 얼굴

차마 들 수 없어
고개 숙인 어둠에 묻어 두었습니다

빗소리가 아플 때

떠날 땐 항상 비가 옵디다

까만 속
숨 킨 눈물
혼자서 삼키라고

때론 툭 털고 돌아 선
뒷모습에 아파

말 잊고
흘리는 눈물
혼자서만 간직하라고

아픈 비는

언제나 그렇게
울며 내립디다

어느 기도

끌려가는
소의
되돌아보는 눈을
차마 볼 수 없어

눈 감고 뒤돌아서

모든 영혼
덜 아파하며
헤어질 수 있기를

기도는 너무나도 가혹한
아픔 이였습니다

삶이 어땠냐고
물어온다면

인쇄일 2018년 11월 15일
발행일 2018년 11월 20일

지은이 신문호
펴낸이 박철수
펴낸곳 도서출판 해암

등록번호 제325-2001-000007호
주소 부산시 중구 백산길 17 삼성빌딩 702호
전화 051)254-2260
팩스 051)246-1895
메일 haeambook@daum.net

ISBN 978-89-6649-157-5 03810

값 10,000원

• 본 도서는 2018년 부산문화재단 지역문화예술육성지원사업의 일부 지원으로 제작되었습니다.
• 이 도서의 국립중앙도서관 출판예정도서목록(CIP)은 서지정보유통지원시스템 홈페이지 (http://seoji.nl.go.kr)와 국가자료공동목록시스템(http://www.nl.go.kr/kolisnet)에서 이용하실 수 있습니다. (CIP제어번호 : CIP2018036467)